너는 토마토를 들고
나는 설탕을 준비하고

이현숙 시집

문학의전당 시인선

400

너는 토마토를 들고
나는 설탕을 준비하고

이현숙 시집

문학의전당

언제부턴가 내 몸에서
빗소리가 난다.

눈물과
비는
닮은 꼴이다.

혼자일 때만 진짜다.

손을 씻고
거울을 보고

내 몸에서 빗소리가 마를 때까지
나는 쓸 것이다.

2025년 11월
이현숙

차례　　　　　　　　　　시인의 말

제1부

제2부

제3부

제4부

제1부

만화가

애독자가 없는 만화가는
스스로 독자가 되어 이야기를 기다린다

눈이라 말하면 정말 눈이 내린다

문 하나가 있다면 의심 없이 그저 밀고 들어간다

야근을 끝낸 한 사람이
문을 나선다

—그냥 자고 싶으니 노크도 전화도 하지 말아요

우리가 낮이라 부르는 시간은
사실 밤일지도 모른다

애독자가 없는 만화가는
스스로 독자가 되어 이야기를 만들어 나간다

사과의 언어

흔들어 보았다
어떤 노래도 들리지 않았다

나는 꼭지를 뗀 사과 하나를 길게 던졌다 너는 받지 못하고
푸른 멍이 번진 사과는 곡선을 그리며
풀숲 너머로 날아갔다

사과밭은 찬란했고
사과들은
수천 개의 별로 폭발했다

두 손에 들 수 있는 사과는 단 두 개의 사과,

알아들었다는 듯 고개를 끄덕였지만
사람들은 늘 무언가 아쉬워하고 섭섭해했다

여름호

화장실 문을 열고
민트색 여름호를 들고 앉는다

아무 페이지나 펼치자
시는 항상
신선한 것을 생산하는 훈련된 행위

손을 씻다가 문득, 내 일상이 머릿속에서 지워졌다는 걸 깨
닫는다

더럽다거나 추하다는 감정은
한 점도 없다

그저 신기하다고 생각한다

옥수수의 하루

팝콘은 처음을 보여주지 않는다
부풀어 오르는 시간은 짧고
터져버린 몸에서 옥수수의 얼굴은 지워진다

옥수수를 사랑하는 걸까
팝콘을 사랑하는 걸까

연애에 빠진 사람들은 늘 둘 다 사랑한다고 말한다
멈추던 손이 다시 한 알 한 알 입속으로 집어던져 넣는다

이것을 사랑이라 부르자
이것을 살아가는 방법이라고 하자

수학 시간이 아니더라도 우리는 공식을 만든다

오타는 명제가 될 수 있다
어떤 이름으로 불려도
팝콘은 은밀하고 중독성이 강하다

나는 몇 번의 옥수수였고 몇 번의 팝콘이었을까

터져버린 몸에서
더 이상
옥수수의 모습을 찾을 수 없더라도

손이 가다 보면 팝콘이 피어난 상처를 이해하게 된다

배열

참 못생겼다
하지만 어디 아픈 데는 없다

온몸을 비틀며
땅을 찍고 구르고

단단한 신발에 가려 생김새 하나 보이지 않는다

말끔한 밑창, 빠른 동작, 발가락은 배열만 있을 뿐 배역이
없다 마치 100미터를 뛰고
털썩 주저앉은 것처럼

도망치듯 지나온 하루들, 아무도 몰라도 발가락은 알고 있다

이 작고 단단한 것들의 배열이 나를 데리고
여기까지 왔다

나는 천천히 발가락을 매만져 본다

복숭아씨

복숭아를 깎자
방 안은 금세 달콤해졌다

누군가 껍질을 너무 두껍게 벗긴다고 말했지만 나는 괜찮
다고 했다

아무도 보지 않았으나
겉은 쉽게 무르지만

안에는 단단한 씨 하나가 있었다
나는 이미 복숭앗빛으로 물들어 있었다

쟁반 위로 껍질이 쌓이고
나는 껍질을 모으며 생각했다
사랑도 웃음도 속살이 아니라 껍질이라고

마침내 내 손끝에 남은 것은
아무 대답도 하지 않는 복숭아씨 하나였다

푸른 맛의 사과

마음이 허전할 때면 사과 한 알을 꺼내
창가에 앉는다

붉기만 한 줄 알았던 껍질엔 연두도 노랑도 주황도 들어 있
다
햇살에 따라 다르게 스며 있다

빛이 닿은 위치에 따라
결이
달라져 있다

그러나 사람들은 그저 빨간 사과라 부른다

빨간 사과를 먹었는데 슬픔은 왜
푸른 맛일까

사과가 다 떨어지면 다시 사과를 사러 가야 한다
아직 다 듣지 못한 이야기를 가진 사과를

나는 다시
읽는다

나와 도시

골목에서 시작한 실핏줄이
도로로 이어진다

불빛은 신경처럼 얽혀 어두운 골목을 비춘다
나는 빈방일 때가 좋다

떠날 수 있다는 사실은 돌아올 희망보다 오래 남는다

사람들은 언제든 흩어진다
낮 동안 빛을 쫓다 밤이면 저마다 그림자 속에 가라앉는다

신호등 아래 발자국들이
어딘가로
이어져 있다

몸에서 마음이 떨어져도 나는 나를 버리지 못한다

껍질은 웃는다

껍질은 웃는다
내 웃음보다 얇게 찢어지고 벗어나
거짓말처럼

껍질은 언제까지 나를 보호할까
껍질은 언제까지 나를 속박할까

끊어질 듯 이어지는
심장에 닿지 못한

사람들은 그 껍질 안에 진짜가 있다고 했다
나는 껍질만 모으다 늦은 오후에 닿았다

누가 누구를 얼마만큼 용서해야
이 껍질이 사라질까

오늘도 껍질은 나를 두고 바깥으로 나갔다

먹물빵

나는 팔뚝이 굵어요
상관없어요
남들이 뭐라든 말든

맛난 빵은 내가 만들어요 그래요 신나게 반죽을 해요
코끝에 묻혀가며 이리 굴리고 저리 굴리고 찰지게 두드려요
화가 나면 바닥에 내던지고 공중에 던지며 겁도 줘요
카레 향을 살짝 섞어도 좋아요

생각할 필요 없어요
억지로 누르면 더 부풀고 싶어지잖아요

외롭고 무서운 발효의 시간,
효모가 어두운 마음을 다독여줄 거예요

검지 두 마디로 지그시 눌러봐요
구멍이 사라지지 않으면 이제 빵 만들기 좋을 때예요

참 잘 참았어요
참 오래 걸렸어요

상처 난 곳을 꾹꾹 여며 빵을 만들어요

좀 더 바싹 구울까요?
당신 취향에 맞게?

흰의 숨결

흰은 가볍고 흰은 가엾다
흰은 모든 것을 자라게 하는 힘이다

나는 가고 있지만
나는 그 자리에 있다

한숨처럼 새어 나온 말에 스스로 놀라며 걷는다

불타는 종이를 바라보면 회색 재가 날아오른다
머리카락에도, 옷에도, 풍경에도

흰 백합이 피었다
누구도 알아듣지 못할 말을 품었다는 이유로

흰이 되기에 힘이 부족한 언어는 가볍게 날다가 추락한다

나는 나를 통과해 흘러간다

나는 세일 중

이마에는 스티커가 붙어 있다
특가(特價)라는 말은 나를 설명하지 않는다

사람들은 그냥 지나간다
그들은 나를 보지 않는다

멈춘 발자국도
곧 흩어진다

나는 진열과 폐기를 반복한다

나는 살아 있지만
잊히는 중이다

어떤 손에도 들리지 않고 어떤 바구니에도 담기지 않는다
나는 남겨져 있다

오늘도 세일 중이다

운동은 운동 중이다

흔들린다, 달린다, 찡그린다,
색색의 운동화가 움찔거린다

장갑, 운동복, 모자, 청바지, 후리스, 마스크, 몸을 덮은 것
들이 운동에 들썩인다
워킹트레이너에서 서핑트레이너로

흔들리는 파도를 타듯 운동은 흘러간다
운동은 운동을 생각하며 점점 심각해진다

공원을 산책하던 이가 발걸음을 멈추고 운동을 본다
운동은 자석처럼 타인을 끌어당긴다

다음 운동 또 다음 운동으로

운동은 기분을 갖는다
운동은 상기된 얼굴, 수건으로 땀을 닦고 생수를 들이켠다

운동은 멈추지 않는다
타인에게서 타인에게로 이동 중이다

너는 토마토를 들고 나는 설탕을 준비하고

잘 익은 토마토는
강아지였다가 고양이였다가 연인이었다가
재미있는 글자가 된다

거꾸로 읽어도
옳게 읽어도

토마토는 예외 없이,
스스로를 해독하기 어려운 암호다

세상 모든 달콤한 것들은 과즙을 품고
나에게로 오다 뭉개진다

축제는 늘 가까이 있다
우리는 모두 토마토를 던지며 서로의 얼굴을 찾는다

너와 나는 아직 태어나지 않은 연인,

너는 토마토를 들고
나는 하얀 설탕을 준비한다

흉터

언제 어디서 긁혔는지 모른다
차 옆구리에 도장이 벗겨지고
은빛 속살이 드러났다

세차를 하지 않았다면 몰랐을 자국,

나에게도 있다 오른팔 두 곳
왼팔 한 곳
가슴 아래 하나

어릴 적 사촌 동생에게 물렸다 부주의가 남긴 상처, 흉터는
작아도 자꾸 눈에 밟힌다

선명하게 살아나던 보라색 이빨 자국
지금은 작고 흐린 원으로 남았다

그 애는 이제 순한 얼굴로
내 옆에 있다

제2부

벌레 의자

지금은 청소시간입니다 의자를 뒤집습니다 뒤집어진 의자
는 벌레입니다

허공에 버둥거리는

당신이 벌레였으면 좋겠군요
다리는 적을수록 좋은

넘어질 때마다 다리가 한 개씩 늘어난다면 재빨리 잘라야
지요

단호하지 못한 당신에게 가위를 선물하겠습니다

자르는 것은 고통이지만 괜찮아요, 잘라요, 그 자리에 생겨
난 옹이는 아름다운 무늬입니다

미래의 개

오른편에서 걷던 개가 어느새 내 앞을 걷는다
나는 저 개를 '미래의 개'라 부른다

연한 갈색 털이 눈을 덮었고 꼬리는 힘없이 늘어졌으며 한
쪽 다리를 절며 걷는다

미래의 개는 지쳐 있다
검은 입 틈으로 분홍 혀를 내밀고 거친 숨을 몰아쉰다

두 개의 길이 나란히 열려 있다
그중 아래쪽 길을 걷는
나와 개를
국도를 달리는 버스 안 누군가가 무심히 바라본다

웃는 걸까
우는 걸까

표정 없는 버스는 늘 반대 방향으로 멀어진다

사라진 과거가 된다

미래의 개는 멈추는 듯 멈추지 않고 산책이 끝날 때까지 걷
는다
하얀 대문 앞 미래의 개는 나보다 먼저 도착한다
나는 개의 목걸이를 벗긴다

알고리즘

손가락은 길수록 좋다
우아한 터치 한 번이면 연못 위 오리가 몽상에 빠지고
가장자리에서 누구나 쉽게 헤엄쳐 간다

중심은 멀다,

회오리 속 트랙을 달리는 그림자들은 숨 가쁘다
가지 하나가 툭 부러지고
염소가 떨어지고
자두가 구르고
오리가 꽥꽥거린다

희한한 세상이다
엄마는 사과를 닦다 전구를 켠다
—엄마, 사과는 너무 높이 쌓지 마세요 지구가 굴러가요

무슨 소리, 넌 어젯밤 죽지 않았니?
나는 아직 너를 추모 중이다

되돌리기 되돌리기 되돌리기

내 뺨을 내가 때릴까 말까
사과를 깨물까 말까
생각 중이다

몽유의 정원에서

혼자 전시회에 갔다
빨간색 정미소 기계가 이질적이지 않다

현실과 비현실, 두 겹의 시간이 포개진 문을 지나
아이들은 마당을 가르며 뛰놀고
어른들은 야외 테이블과 카페에 정겹게 모여 앉아 있다

팸플릿에 인쇄된 작가의 문장을 읽는다

그저 꿈이라서 좋은 때가 있다
좋은 꿈은 깨고 싶지 않다
꿈을 사랑하는 건 죄가 되지 않는다

얼음 조각이 떠 있는 레모네이드는 차갑고 달다

수렁의 지도

더 이상 어두울 수 없을 때까지 검은 빵을 뜯어 먹어

굴절하는 빛을 따라 손가락을 움직여도 아무것도 잡히지
않아

수렁과 수렁이 겹쳐질 때
세상에서 가장 어두운 색이 생겨나

창 너머 분홍 양산을 든 사람은 연잎 속으로 사라졌고
멀리 연꽃이 하나 피었어

수렁 속, 일곱 개의 구멍을 가진 연뿌리가 자라고 있어

나는 나만 생각해
너도 너만 생각해

이젠 일어날 시간이야
수렁을 걸어볼래

종이책을 추모함

피할 수 없는 것도 있죠
그것이 심장을 향해 날아온 거라면

당신이 던진 씨앗이 나의 심장에 박혔을 때
그건 한 권의 책이 되어 책장 속에 꽂혔습니다

하루에도 수많은 신간이 쏟아지지만
내 책장엔 얇은 시집 몇 권

날마다 펼쳐도 질리지 않는
비밀들

반짝이는 사금파리 책은 금세 잊히지만
사과라는 책의 애독자는 계속 태어납니다

잠들기 전 펼쳐보는 페이지마다 사과 향이 배어 있고
감기철도 아닌데 사과벌레 한 마리 신열을 일으킵니다

절판된 지 오래지만 까맣게 여문 씨앗 하나
여전히 내 책장 속에 남아 있습니다

터미널의 유령

버스들은 출발과 도착을 맞추느라 바쁘다
너는 우연히 이곳에 내렸다

누가 이 티켓을 발행했을까
네 손의 티켓엔 목적지가 없다

원소 주기율표를 뒤지며
성질이 비슷한 것들 곁을 떠돈다
긁지 않은 복권처럼

너는 숫자를 믿는다
너는 시간을 믿는다

리셋이다,

이곳의 유령이 되기 전에
비상구의 초록 로고가 어디론가 도망치고 있다

사과꽃 사진 한 장

사과나무를 태우면 사과 냄새가 나고
너의 사진을 태우면 너의 냄새가 났다

바짝 마른 사과나무 가지를 툭툭 분질러
난로 속에 던져 넣는다
너를 던지는 기분으로

사과꽃이 너울너울 피어나고
네가 다녀간 듯
그림자를 끌고 골목을 돌아나가면

남은 것은 햇볕에 잘 마른 슬픔 한 켤레
슬픔처럼 하얀 운동화 한 켤레

수돗가에 앉아 치약으로 문지르던 운동화는 처음부터 깨끗
했지만 너는 더 눈부신 깨끗함을 원했다

버섯을 볶는 오후

긴 나무젓가락으로 버섯을 볶는다
장맛비처럼 반복되는
느낌의 날들이 온다

밑동을 자르고 투명한 팩에 가지런히 담아 바코드를 붙이던 손길들
거기엔 단순하지만 묵묵한 진심이 들어 있다

로컬푸드 매장 한편
유통기한 지난 버섯은 수거되어
조용히 폐기된다

진열대엔 다시 탱글탱글한 새 버섯들이 놓이고

고르는 사람들은 미간을 찌푸리며
들었다 놓았다를 반복한다

정규직과 비정규직

원청과 하청

버섯은 너무 볶으면 안 된다
사람도 너무 볶으면 안 된다
버섯은 우리 곁을 떠나지 않아야 한다

머그컵

드론 같다
파리 한 마리

천장에 딱 붙어 앞발을 재게 비빈다

낮의 몽상은 유리창 너머
작은 소리에 부서지고

바삐,

또 무언가가 어른거리다 사라진다

잉크가 말랐거나 단어가 틀렸거나 기계에 끼었거나

A4용지는 자주 버려진다 모자라면 리필한다
종일 입에 물고 씹고 빤다 쓸모없는 문장을

잘못된 것들을 파쇄기에 넣는다

흙인형

내 몸속에 그득한 물
어딘가로 흐르고 싶은데
출구가 보이지 않는다

―거기 서 있었구나
―언제부터니

회색 벽 앞 홀로 우두커니 서 있는 흙인형은

지난여름 내 손자국이 남긴 표정을 짓고 있다

물 머금은 내가 서서히 허물어지는 밤이면
내가 지은 세상의 이름들도 하나둘 어둠 속에 가라앉는다

그러면 나는 다시 너를 빚을 것이다

여기서부터 마술

마술사가 모자를 뒤집어요
토끼가 나올 때까지

아무 말도 하지 마세요
당신의 말들을 모자 속에 넣으세요
속에서 신물이 올라올 때까지 꾹 참으세요

나는 스타카토가 좋아요
하얀 토끼가 리듬에 맞춰
관객을 향해 깡충깡충 뛰어가는 게 좋아요
나는 그 걸음과 닮았어요

마술사가 지팡이로 바닥을 탕 치자
사라졌던 토끼가 모자 속에서 다시 고개를 내밀어요
그러다가 또 사라져요

토끼는 굴이 많대요
토끼는 입구가 많대요

아무리 들여다봐도 찾을 수가 없대요

마술사의 얼굴에 토끼 똥이 데구르르 굴러떨어지고
그는 조용히 주워 담습니다 다음 공연에 쓸 소품들을요

앗, 긴장을 늦추지 마세요
마지막 쉼표가 남았습니다
토끼의 마술쇼는 아직 끝나지 않았습니다

졸피뎀

나를 쳐다보지 않고 반쪽 얼굴로 말했다

여자는 잠이 오지 않는다는 말을 되풀이했다
말의 반복은 지루하지만
중독성이 강했다

―잠은 어디에 있나요?

여자가 물을 때마다
나의 잠도 흔들려

여자의 잠을 볼 수 없었지만
잠이 오는 얼굴로 잠이 오지 않는 여자의 반쪽 얼굴을 쳐다
보면
누군가 내 잠을 훔쳐 가는 것 같았다

―당신도, 당신도 혹시, 잠이 오질 않나요?

둥글고 흰빛들이 이마 위를 둥둥

오른쪽 얼굴을 머리카락으로 가리고 다니던 아이가 있었다
몸을 바닥에 붙이고 개미굴을 기어 나왔다
수업 시간에 화장실에서 몰래 거울을 보며 울었다

정전이었다,

누군가 소리치며 두꺼비집으로 달려갔다
복도 끝으로 슬리퍼 소리가 점점점 멀어졌다

한참 동안 책을 읽지 못했다
씨앗이 된 것 같았다

무언가가 둥둥 떠다녔다
씨앗처럼 몸을 웅크리고 눈을 감았다

불은 오랫동안 들어오지 않았다

사과는 사과의 방에 앉아

너는 웃고 있다
마지막 빨강이 접시 위로 떨어지는 순간

너는 왈칵,
멀미처럼 왈칵,

쏟아진다 반으로

또 반의반으로, 포크 끝으로 네 목구멍을
찔러 본다

사과를 꿇어앉히고 반성문 쓰게 하지 마라

사과가 왜 사과인지 너는 설명하지만
사과는 알아듣지 못한다

눈물이 말라 푸석거리는 사과는 버림을 받는다
너는 사과를 멀리 집어던진다

사과는
전염병이다

피켓을 든 달리아

장미라고 불렀는데 달리아였다

달리아는 장미라는 이름을 밀어내느라 붉은 땀을 흘리고 있다

중심으로부터 동심원을 그리며

바깥을 향해 커지는 꽃잎은 도안 책에서 보던 실 뜨개처럼 정교하다

나는 언제나 완벽한 대칭에 흠집을 내고 싶다

욕망은 단단한 돌이다

수많은 꽃잎이 내 손에 뜯겼고 찢겼다

슬프고도 야릇한 정오가 머리 위를 지나고 있다

달리아의 이마가 뜨겁다

달리아는 길게 고개를 빼고 달뜬 얼굴로 장미이기를 한사코 거부한다

제3부

즐거운 자두

자두는 아프다
자두가 사라지고 없어질 때까지

자두는 구른다
자두는 뛰어내린다

자유의 배꼽을 드러내고

자두를 깨물면
깊이 박힌
이빨 자국

자두는 줄기차게
홀로 이념의 페이지를 넘는다

자두는 날아오른다

두루마리 당신

고등어를 먹었던 입술을 닦고
나의 은밀한 오점을 닦는다 당신은
순결한 얼굴로 찾아오고 내가 무언가를 쏟을 때마다 손을
내민다

어디에나 있는 당신이지만 당신이 없어 허둥거릴 때가 있다

일요일 한낮 홈쇼핑에서
당신을 만난다

쇼호스트가 자랑스럽게 소개하는 당신을 본다

종교도 사랑도 관심이 없다
조용한 당신은

우연을 가장하여 식탁 아래로 굴러가며 텅 빈 기억을 풀어
본다

성자도 아닌 성모도 아닌
공장에서
만들어진 당신

자꾸만 사라져도 자꾸만 생겨나는 당신으로 인해 나는 반듯
해지고 깨끗해진다

내가 구겨버린 어느 날의 당신
내려다보니
하얀 불두화로 피어 있다

가족의 탄생

흐르는 물에 손을 씻고
회색 앞치마를 두른 당신은 조용히
죽을 쑨다

죽을 젓는 방향은 중요하지 않다 중도주의자처럼
오른쪽으로 왼쪽으로 저어왔지만 죽의 길은 언제나 하나로
이어진다

불 앞에 선 당신은
혼잣말처럼 노래를 흥얼거린다

한 소절 끝나면 또 한 소절, 듣는 이는 없지만

죽 끓는 소리는 누군가 다가오는 소리
멀어지는
소리

불을 낮추고 당신은 마지막으로 죽을 한 번 더 젓는다

무언가를 견디는 기도처럼

오늘의 소금 한 꼬집을 더 집어넣는다

식탁에 앉은 이들은 숟가락에 비친 얼굴을 보지 않는다
달그락거리는 소리만을 만든다

타일의 감각

타일과 타일이 맞닿아
무심한 네모를 이룬다

네모를 바라보면 관(棺)이 떠오른다 타일 바닥의 냉기는 밟
을 때마다 차갑다

새벽 언저리에서야 지쳐 잠들곤 하던 그를
나는 한 조각 타일이라 불렀다

죽은 새를 안고

무언가를 끄적이다가 종이를 구겼다
힘주어 구길수록
두 손안에
슬픈 날갯짓 소리가 커졌다

죽은 새를 들여다보다가 나는 연필을 내려놓았다

더 이상 죽일 새가 없다며
늙은 시인은
자기만의 노래는 끝내 만들지 못했다고 했다

죽은 새는 점점 불어났다
집으로 가는 길은 점점 멀어졌다

나는 휘파람을 불며 장송곡을 따라 걸었다

음지 정원

건물과 건물 사이에
그늘이 있다

노란 머리 인형/깨진 머그잔/푸른 페트병/로봇 장난감/낡
은 로프/썩어가는 스티로폼/녹슨 못

잊힌 것들의 이름을 하나씩 불러본다

슬리퍼 끝에 드러난 발가락이 애벌레처럼 꿈틀댄다

푸른 잎을 갉아먹고 싶다, 조물주의 세트장에서
우리의 신앙은 어디까지 환해질 수 있을까

나의 역할이 불분명할 때

—봐라, 그래도 넌 환하게 피어나고 있잖니?
여름으로 기울어진
창문 쪽에서

담쟁이덩굴은 푸른 귀를 회색 벽에 바짝 갖다대고 있다

우리의 절망은 어디까지 환해질 수 있을까
코브의 팽이는 아직도 돌고 있을까

검은 흙을 뒤집어쓴 발가락 애벌레가 슬리퍼 속에서 꿈틀,
주머니 속 나는 나만의 토템을 더듬는다

스콘

오래도록 붙어 있으면
우리의 얼굴은 조각상처럼 굳어간다

스콘을 주먹이라 부르면
꽉 쥔 손을 풀면

부서진 가루와
은빛 포크
아포가토의 씁쓸한 단맛

진지한 얼굴은 밖으로 넘치지 않는다

스콘을 한입 베어 물면
한 세계가 닫히고 한 세계가 열린다
넌 고개를 숙이고 폰만을 들여다보지만 내 말은 네 귀에 닿
고 있다

사랑이든 이해든

달든 쓰든
괜찮다

손바닥을 활짝 펴고
하이파이브하는 순간

딱, 하고 울리는 짧은소리

그때 우리는 서로를 알아볼 것이다

산책

나와 개 사이
한 줄기 목줄이 있다

느슨해졌다가
팽팽해졌다가

개가 멈춰
킁킁, 냄새를 문지르면
나도 따라 멈춘다

개의 행동과 나의 감정의 농도, 나는 그것을 조용히 받아들인다

무엇인지 알지 못하고
알 필요도 없다

우리는 다시 아무 일 없다는 듯 걷기 시작한다

굽은 등에 달 하나를 얹고

멀찌감치 앉은 아버지는
굽은 등에 달 하나를 얹고
말없이 알밤을
깎고 있습니다

알밤 속 죽어 있는 하얀 벌레는 내가 먼저 침입한 죄의 흔
적입니다

밤껍질이 무덤처럼 쌓이면 그제야 아버지의 일과는 끝이
났습니다

아버지는 조용히 비질을 하여
밤껍질을
쓸어 담습니다

신간

하얀 조명 아래
줄무늬 바코드를 찍는 사서는
빗줄기와 표범을 보지 못했을 것이다

자작나무 가지 위에 내릴 첫눈을 기다리지 않을 것이다

읽히지 않은 몇 권의 권태는
책장 속에서
무게를 더한다

희고 빛나는 문장 사이로
이어진
까만 발자국,

처음의 그 사람은 어디로 걸어갔는지 알 길이 없다

타인을 이해하기 위한 바코드는 필요한가

비슷한 이미지들만 둥둥 떠다니는 세계에서
벽과 벽 사이를 타고 오르는 숨죽인 언어를 거두며
사서는 꽃무늬 도장이 찍힌 쿠폰을 나누어 준다

사람의 표정은 가장 해독하기
어려운 문장

신간의 몸에 빗줄기 무늬를 새기고 표범은 홀로 바위산을
오른다

텀블러

어제의 빗방울이 어깨에 떨어지면
낡은 필름이 돌아간다
자막은 길지만 그쯤은 견딜 수 있다

손끝으로 볼펜을 돌리며 길을 찾는다
잘 지내니?
아픈 데는 없어?

벌레 먹은 미간 사이로

처음의 너는 웃음이었다가 녹는 얼음 조각이었다가 텀블러
속을 떠도는 미아

한껏 가벼워야 날 수 있을 텐데……

전동 톱을 들고
어느 가지부터 자를지 망설이는 나의 손은 악력이 부족하다

지겹도록 외운 기도문이

내 노트 위에

흘러내린다

다짐

울고 있는 저수지는
울고 있는 저수지였다

저수지는 혼자서 깊어졌고
저수지는 혼자서 아득해졌다

나는 저수지에 앉아
나를 비추는 저수지를 보았다

나는 이미 죽었으므로

저수지에 시체는 던지지 말자고
다짐했다

블러드문

물고기 눈알을 가만히 들여다본다
방금 바다에서 건져 올린
맑고 투명한

비늘을 걷고
배를 가르자
내장 깊숙이 숨어 있던 불순물이 드러난다

언젠가 맡았던
비릿한
그

블러드문이
처음 그녀에게 떠올랐던 밤,
처벅처벅 살 속 어딘가에서 번지던

감기

온종일 방 안에 누워 생각을 뜨개질한다
간혹 기침이라도 나와 올 하나가 빠지면 당황스럽지만

이내 빠진 올을 건져 다시 뜨개질한다
오후 네 시로 향하는 빛은 헐거워서

찾아올 어둠이
두렵고도 싫어

한 올의 빛이라도 방 안 깊숙이 들이고 싶어

잘못 짜인 스웨터의 올을 풀기 위해 하루의 마지막 햇살을
힘껏 끌어당기지만
올은 잘
풀리지 않는다

뜨거운 내 이마를 내 손으로 짚어본다

저만치 털실 한 뭉치가
굴러간다

타일의 얼굴

한 번도 마주한 적 없는 얼굴을 발견하고
눈을 깜빡였다

오래전 일기장에
그 얼굴을 쓴 기억이 있다

한 번 붙이면 떨어지지 않는 타일처럼
너는 기묘한 무늬 속에 단단히 숨어 있다

나는 이편에서 너는 저편에서
타일을 붙였다
우리의 서툰 손끝은 무늬와 무늬를 어긋나게 했다

깨진 조각들을 이어 붙이면
숨은그림찾기 하기에 좋은 날이었다

너는 열지 않고
나는 열고 나왔다

뒤통수에 들러붙은 이상한 무늬
너를 떼어내기 위해
나는 온갖 세제를 뿌리고 무수한 솔질을 했다

얼굴도 음성도 기억도 없지만 우리는 분명 마주쳤다

한 번 붙인 타일은 높은 벽이 되었고
단단한 바닥이 되었다

우리가 멀어지는 방식

나는 빵집에 앉아 있다
너는 가게 앞을 지나며
하얀 운동화 끈을 묶고 있다

우연이란 어쩌면
정교한 거짓

빵 굽는 냄새가 기억을 부풀린다
네모난 주차선 안에 반듯이 밀어 넣어도 너는 어딘가 기울어져 있다

너는 언제나 틀을 거부한다

어떤 물음은 평생을 간다

목성과 금성이 16년 만에 가장 가까워진 밤
두 별은 멀어지기 위해
한 번 더 반짝인다

제4부

의자 만들기

길 끝 집 마당
늙은 사내가 의자를 깎고 있다

휘어진 나무
녹슨 연장
덜컹거리는 손길

누구도 찾지 않는 집에서
사내가 종일 앉을 자리를 만들고 있다
망치 소리가 공기를 흔들고
톱밥 냄새가 노을빛에 섞이고 있다

투박한 나무토막에서
다리가 돋고
등이 세워지고

의자의 몸이 조금씩 생겨난다
사내가 묻힐 자리가 만들어지고 있다

개방형 창고

엄마도 모르는 애벌레들
모두 생김새가 같다 한 가족일지도 모른다

툭 건드리면

몸을
만다

다리와 더듬이를 숨긴다
불쌍한 척 능숙하게

나는 휴지에 감싸 쓰레기 봉지에 넣는다
꾹 누르진 않는다
살짝 구겨 다시 꿈틀거릴 수도 있다

벌레의 집은 보이지 않는다
작업실 어딘가
그늘진 틈

쌓인 책과 오래된 물건들 사이

정체 모를 입구가 있다

약을 뿌릴까
말까?

개와 꽃과 거품

풍경 속에 개가 앉아 있고
나는 미소를 짓는다

졸고 있는 개의 순한 눈빛을
지그시 바라보고 있다

그릇을 씻다 문득 떠오르는 잘못들,

거품은 그릇을 씻고
너는 조용히 흔적도 없이 사라지고

꽃들은 어제와 다르다
피었다 하면 어느새 뭉크러진다

꽃이 피든 지든
나는 개를 어루만지고
개는 꼬리를 흔든다

돌로 오해받길 원하는 오리

물속에 박힌 검고
둥근 돌들

아침 햇살을 받고 있다 조금씩 움직이고 있다

돌 옆에 돌이 있고
그 사이
오리 한 마리

가만히 물결 따라 움직이고 있다 해를 따라 움직이고 있다

아침 강이 그것들을 반짝여 주고 있다

새 없는 대숲에서

그들이 내 몸을 침대에 눕혔다
허리에서부터 선이
번졌다

척추가 사라지는 동안

천장이 나를
내려다보고 있었다

흘러내리는…… 백색의 백색의 백색의 조명, 오른쪽에선
연꽃이 피고
왼쪽에선 거칠게 소나무가 자랐다
멀리 석류가 터지고 청포도는 입을 다문 채 매달려 있었다

나는 눈을 감고 먹빛으로 대나무를 그렸다
대숲은 조용했고
그 조용함은
익숙하지 않았다

푸른 관람석엔 몇 명의 사람들이 모여
나를 내려다보고 있었다 대나무를 내려다보고 있었다

끝내 새는 오지 않았다 끝끝내 대숲은 완성되지 않았다

복사

오늘도 꽃 한 송이 본다

구겨진 종이컵에 남은 여자의
붉은 입술 자국

종이컵에 핀 꽃은 뜨거워서 무엇을 담아도 담는 것은 죄가
된다

지워지지 않는 꽃으로 피어난
내 어미의
원죄는 붉다

엄마와 나는
세상에서 가장 선명한 꽃무늬를 복사하고 있다

여자와 나무와 개

개는 나무 사이를 뛰어다니고
여자는 나무를 어루만지고
개를 어루만지고

나무는 아직 새를 부르지 않는다
여자의 입술에도 아직 노래의 새잎이 돋지 않았다

나무 그늘에 앉아 있는 개를 여자가 쓰다듬고
개가 여자를 핥고
여자의 검은 옷에 흰 개의 털이 묻는다

옷에 붙은 흰 털을 떼면서 여자는 개를 사랑한다 생각하고
나무를 쳐다보면서 새를 사랑한다 생각한다

쓸쓸히 겹쳐졌다가 나누어질 때
나무는 잎을 크게 키운다

여자와 개와 나무는 하나의 그림이 된다

분홍

같은 말을 반복한다
익숙한 장면이 불쑥 찾아온다

분홍 블라우스는 꿈을 삼키는 색, 그래서 지금도 분홍을 입
지 않는다

소리는 없었고
눈물은 금세 말랐다 아무도 몰랐던 일이 되었다

연필로 날짜를 긋듯

조금씩 잊어간다 여자 직원 둘은 모니터를 바라보고
가끔 고개를 끄덕인다
내가 아닌 화면 속 누군가에게

분홍 스웨터를 손으로 짰다
대바늘로 시작해서 돗바늘로 마무리했다
끝을 묶는 마음으로

그날 이후를 자주 생각한다
분홍은 쉽게 사라지는 색이라고

차가 떠날 때까지 손을 흔들었었다

천천히 붉어지는 중

방울토마토 하나가 덩굴 사이에서
자신의 무게를 견딘다

익는다는 건
빛을
안으로 끌어당기는 일이다

누구의 손도 닿지 않았지만
그것은 이미 자신의 시간을 다 살아내고 있던 것

부산에서 올라온 시누이가
싱싱하다고 말하며 토마토를 베어 문다
그 안에 스민 여름과 비와 햇살을
천천히 씹는다

잊힌 집의 모과나무

헐겁게 잠긴 대문
'CCTV 작동 중' 글씨마저 빛이 바랬다
대구 요양병원에 입원했다는 뒷집 아저씨는
몇 해가 지나도 돌아오지 않는다

하루 종일 그림자만 돌리는 모과나무
허물어진 돌담 위로 푸른 그늘을 드리운다
아저씨가 내밀던 낡은 바구니
그 속 모과 향이 문득 스친 것도 같아 뒷문을 열면
가지마다 노랗게 켜진 등불 열매들

종일 기다려도 찾는 이 없는
말줄임표처럼

오늘의 모과가
썩고 있다

천천히 사라지고 있다

망개의 집

상자 속, 잎으로 감싼 떡들이 가지런하다
어제도 그제도 팥소 든 하얀 떡을 삼켰다

당신은 망개떡을 좋아하는 사람

머릿속에 뭉게구름이 떠오르고
만 개의 강을 건너듯 기억은 아득하다

먼저 간 아들을 기다리다 목이 길어진 날은 기린이 되고
등을 다친 날엔 낙타가 된다

망개 이파리는
부패를 막기 위해
당신을 감싼다

기억을 갉아먹는 벌레는 당신을 허문다
고지서처럼 짓누르던 것들이 사라져 가고 있다

하얀 병동 침대 모서리에 앉은 당신은
무성한 망개 덩굴을 초점 없이 바라본다

망개 잎은, 수의(壽衣)다

정물

장맛비가
그릇을 두드리자
사료는
물고기가 된다

밥그릇은 이제 연못,
남은 사료는
부레처럼 부풀어 물속 집을 짓는다

빗줄기를 바라보다가 졸고 있는
개도 고양이도

이제 정물이다
비는 멈추지 않고

그릇은
깊어진다

허밍버드의 계단

죽은 엄마는 언제부터 내 귓속에 살았을까

어릴 적 불러주지 않던 자장가를 수시로 흥얼거린다
그 입에서 허밍버드 한 마리가 날아온다

소나기 예보는 없었다
달팽이가 지나간 시멘트 바닥 위에
하얗게 점액만 남았다

왼돌이 달팽이는 결코 뒤돌아보지 않는다
나는 엄마의 노래가 멈추길 바랐다

나선형 계단은 뒤돌아볼 때 무너진다

달팽이 집의 소용돌이가 꼭 아름답지만은 않다는 걸
나는 그제야 알았다

Labubu

너는 항상 문 앞 상자 속에 있다
나는 항상 그 상자 앞에 서 있다

Labubu, 뾰족한 아홉 개 이빨로
울음과 웃음을 동시에 물어뜯는다
인형인지 아이인지

나는 어느 쪽을 달래야 하는지 묻는다
너는 상자에서 나오고
다시 들어가고
또 기다리고 있다

작은 눈빛 작은 울음 작은 이빨
시간의 매듭마다
걸려 있다

어느 날 가방 속 비밀 주머니에서
네가 두드리는 작은 북소리를 들었다

심장 소리 같기도 한
울음소리 같기도 한

Labubu는 어디에든 있다
문 앞에도 가방 속에도 내 귀 안에도

나는 계속 너에게 간다

생각 *끄고* 불 *끄고*

잠이 오지 않는 밤

마당에 외등 밝혀두고 홀로 서성거리다

패랭이꽃 무더기 앞에 섰다

꽃잎이 둥글게 말려 있다 꽃들도 밤이 되면

잠을 잔다 나도 방 안으로 들어가

형광등 *끄고*

생각 *끄고*

마음마저 *끄고*

자야겠다고 눕는다

작고 단단한 언어의 숭고

이병국(시인·문학평론가)

능동적 주체로의 전회

　이현숙 시인은 언어에 대한 자의식과 이를 관계의 층위에서 사유하고자 하는 마음이 충만하다. 그것을 어떻게 시로 엮어 풀어낼 수 있는지 고민한 성과가 첫 시집 『너는 토마토를 들고 나는 설탕을 준비하고』에서 여실히 드러난다. 표제작인 「너는 토마토를 들고 나는 설탕을 준비하고」에서부터 이를 엿볼 수 있다. 시인은 "잘 익은 토마토"를 강아지, 고양이, 연인으로 전이시키다 이를 "재미있는 글자"로 의미화한다. 이는 "거꾸로 읽어도/옳게 읽어도" '토마토'인 글자의 형태적 특성에 기인하겠으나 그보다는 시작과 끝이 동일한 글자가 지닌 형식적 완결성으로 인해 "스스로를 해독하기 어려운 암호"처럼 보인다는 데 있다. 그것은 단단한 외벽으로 둘러싸인 성처럼 내적 완결성을 지닌 채 굳건하다. 그러므로 "해독하기 어려운 암호"처럼 접근이 쉽지 않은 것도 사실이다.

그러나 '토마토'라는 글자를 벗어나면 토마토는 "세상 모든 달콤한" "과즙을 품"은 구체적 존재로 감각된다. 그것은 겉으로 보기에 단단한 것처럼 느껴질 수 있어도, 기실 약간의 힘만 가해도 쉽게 "뭉개진다". 그렇다고 이러한 '토마토'의 취약성이 존재의 붕괴나 혼란을 의미하지는 않는다. 오히려 그것은 "축제"를 불러오는 적극적이고 역동적인 사건으로 기능한다. 축제의 현장에서 "우리는 모두 토마토를 던지며 서로의 얼굴을 찾는다". 단단한 언어를 내던지며 타인과 관계를 맺으려 한다. 관계를 맺기 전까지 "너와 나는 아직 태어나지 않은 연인"일 수밖에 없다. 그리하여 무한한 가능성을 내재한 채 관계를 맺고 새로 태어날 연인으로 축제를 즐길 수밖에 없을 것이다. 그렇게 "너는 토마토를 들고/나는 하얀 설탕을 준비"하여 달콤하고 충만한 시간을 나누게 될 것이 분명하다.

당연하게도 그 과정은 그리 녹록지 않은 것이 사실이다. 책을 읽는 독자, 그중에서 시를 읽는 독자가 그리 많지 않은 상황에서는 특히 그러하다. 이현숙 시인은 이를 만화가에 빗대어 형상화한다.

애독자가 없는 만화가는
스스로 독자가 되어 이야기를 기다린다

눈이라 말하면 정말 눈이 내린다

문 하나가 있다면 의심 없이 그저 밀고 들어간다

야근을 끝낸 한 사람이
문을 나선다

—그냥 자고 싶으니 노크도 전화도 하지 말아요

우리가 낮이라 부르는 시간은
사실 밤일지도 모른다

애독자가 없는 만화가는
스스로 독자가 되어 이야기를 만들어 나간다
                                        —「만화가」 전문

  시를 읽는 독자가 없을 때 시인은 시인으로 자리매김하기
수월치 않다. 특정한 사회적 지위를 얻는다는 것은 그 자리를
인정하는 타자를 필요로 하기 때문이다. 시를 쓴다는 이유만

으로 시인이 된다는 말은 어쩌면 자기 위안에 불과한 것인지도 모른다. 시를 읽어줄 독자가 없다면, 아무도 시를 찾지 않는다면 시인이 아무리 자신을 시를 쓰는 존재로 의미화한다고 해도 그것은 그저 공염불일 따름이다. 그럼에도 좌절하거나 주저앉아 있을 수는 없는 노릇이다. "애독자가 없는 만화가는/스스로 독자가 되어 이야기를 기다"리는 것처럼, 시인 역시 누가 자신을 찾기를 바라기보다 스스로 독자가 되어 시를 기다린다. 이때의 시는 언어가 지닌 절대적 권능의 다른 표현이 된다. '태초에 말씀이 계시니라'라는 문장은 단지 신의 역능을 표현한 것이라기보다는 언어가 지닌 권능의 비유적 표현이라 할 수 있다. 말을 하거나 글을 쓰는 것만으로 현상이 바뀌지 않는다는 것을 우리는 안다. 그러나 말을 듣거나 글을 읽을 때 우리는 상상을 할 수 있게 된다. 말과 글이, 언어가 적시하고 있는 바를 우리는 사유의 층위에서 재현할 수 있게 되는 것이다.

그런 점에서 "눈이라 말하면 정말 눈이 내린다"는 2연의 표현은 언어를 전유해 사유의 확장이 가능함을 의미한다. "문 하나가 있다면 의심 없이 그저 밀고 들어"갈 수 있는 언어적 세계를 이현숙 시인은 가정한다. 그곳에서 "야근을 끝낸 한 사람이/문을 나선다". 그는 밤늦게까지 일을 해야 하는 노동자이거나 만화를 그리는 만화가 또는 시를 쓰는 시인일 수도 있다. 그가 "그냥 자고 싶으니 노크도 전화도 하지 말"라고 전하는 발화는 외부와의 단절을 요청하는 것이라기보다는 자신을 위한 시간을 확보하여 이야기를 새롭게 써나갈 수 있도록 스스로를 재정립하려는 의지의 표현처럼 보인다. 여기에는 언어가 지닌 권능을 구체적 실천의 층위로 전환할 응축에의 간절함이 담겨 있다고 할 수 있다.

또한 "우리가 낮이라 부르는 시간은/사실 밤일지도 모른다"는 생각의 전환은 우리에게 주어진 일상성을 의심하고 '나'와는 다른 '너'의 시간을 포용하고자 하는 인식에 토대를 둔다. 그로부터 새로운 이야기를 써나갈 수 있기 때문이다. 그러므로 시인은 아무도 찾지 않는 존재를 뒤집어 "스스로 독자가 되어 이야기를 기다"리는 존재에서 "이야기를 만들어나"가는 존재로, 구체적 실천을 감행하는 존재로의 전회를 도모한다. 언어를 기다리는 수동적 존재에서 세계를 만들어나가는 능동적 주체로의 전회. 이는 첫 시집 『너는 토마토를 들고 나는 설탕을 준비하고』를 통해 타자와 관계를 맺어 축제를 즐기기 위한 시인의 시적 전략이자 언어적 실천이라 할 수 있겠다.

언어의 잠재적 가능성

이현숙 시인의 시를 좀 더 잘 읽기 위해서는 '사과'에 주목

할 필요가 있다. 시인은 사과를 소재로 한 몇몇 시편들에서 언어를 대하는 시를 대하는 존재의 태도를 언급한다.

흔들어 보았다
어떤 노래도 들리지 않았다

나는 꼭지를 뗀 사과 하나를 길게 던졌다 너는 받지 못하고
푸른 멍이 번진 사과는 곡선을 그리며
풀숲 너머로 날아갔다

사과밭은 찬란했고
사과들은
수천 개의 별로 폭발했다

두 손에 들 수 있는 사과는 단 두 개의 사과,

알아들었다는 듯 고개를 끄덕였지만
사람들은 늘 무언가 아쉬워하고 섭섭해했다
　　　　　　　　　　　　—「사과의 언어」 전문

마음이 허전할 때면 사과 한 알을 꺼내

창가에 앉는다

붉기만 한 줄 알았던 껍질엔 연두도 노랑도 주황도 들어
있다
햇살에 따라 다르게 스며 있다

빛이 닿은 위치에 따라
결이
달라져 있다

그러나 사람들은 그저 빨간 사과라 부른다

빨간 사과를 먹었는데 슬픔은 왜
푸른 맛일까

사과가 다 떨어지면 다시 사과를 사러 가야 한다
아직 다 듣지 못한 이야기를 가진 사과를

나는 다시
읽는다

—「푸른 맛의 사과」 전문

위의 두 편은 이현숙 시인이 사과로 유비된 시를 어떻게 생각하고 대하는지를 보여주는 일종의 시론에 해당하는 작품이다. "시는 항상/신선한 것을 생산하는 훈련된 행위"(「여름호」)임을 인식하고 있는 시인은 사과의 언어를 듣고자 한다. 하지만 아무리 사과를 들고 흔들어도 그로부터 "어떤 노래도 들"을 수 없다. 그것은 사과가 노래를 부르지 않는, 언어를 지니지 못한 그 무엇이기 때문이 아니다. 오히려 의미로 꽉 찬, 그 무엇으로 보는 게 옳다. 그런 점에서 「사과의 언어」 속 화자는 언어로 충만한 세계로서의 사과를 타자를 향해 조금은 과격하게 마치 수류탄을 던지듯 건넨다. "꼭지를 뗀 사과 하나를 길게 던"지는 것이다. 그러나 그것을 "너는 받지 못"한다. 그러므로 '나'의 말은 '너'에게 전해지지 않는다. '나'가 특정한 대상인 '너'와 관계를 맺지 못하는 것을 "푸른 멍이 번진 사과"의 양태로 읽을 수 있을 듯하다. 하지만 "멍이 번진 사과"가 "풀숲 너머로 날아"가 사라진다 해도 그 안에 담긴 의미가 삭제되는 것은 아니다. 너머로 날아간 사과는 그곳에서 사과밭을 이루어 "찬란"해지고 그로부터 비롯한 "사과들은/수천 개의 별로 폭발"한다. '나'의 언어가 '너'라는 특정 대상에게 가 닿지 않는다고 하더라도 사과는 잠재된 가능성으로 다른 곳에서 새로운 의미망을 형성할 수 있는 것이다.

우리는 "붉기만 한 줄 알았던 껍질"이 기실 "햇살에 따라" "연두도 노랑도 주황도" "다르게 스며 있"다는 것을, "빛이 닿은 위치에 따라/결이/달라"질 수 있다는 것을 이해할 필요가 있다. 이를 간과한 채 그저 "빨간 사과"라고만 단순 인식한다면 우리는 시에 담긴 다채로운 가능성의 언어를 경험하지도 못하고 시의 본질이 무엇인지 알지도 못한 채 "살아 있지만/잊히는"(「나는 세일 중」) 존재로만 머물 위험이 다분하다. 그렇다고 해서 "두 손에 들 수 있는 사과"가 "단 두 개의 사과"라는 사실을 무시하고 더 많은 사과를 갖기 위해 욕망을 품어서도 안 될 것이다. 과잉은 잉여를 낳을 뿐이라서 "날마다 펼쳐도 질리지 않는 비밀들"(「종이책을 추모함」)을 놓칠 수 있기 때문이다.

　이를 조금 더 밀고 나아간다면 이렇게 말할 수도 있다. "아직 다 듣지 못한 이야기를 가진 사과"를 읽는다는 것을 "사랑이라"고 "살아가는 방법이라고" 말이다(「옥수수의 하루」). 사랑하며 살아가는 것은 아직 다 듣지 못한 이야기에 귀를 기울여 "터져버린 몸에서/더 이상/옥수수의 모습을 찾을 수 없더라도//손이 가다 보면 팝콘이 피어난 상처를 이해"(「옥수수의 하루」)하려는 수행을 불러온다. 그것은 "단단한 신발에 가려 생김새 하나 보이지 않는" 발가락의 배열을 응시하고 그것이 '나'를 "여기까지" 데려온 것임을 자각하는 일이자(「배열」) "외롭고 무서운 발효의 시간"을 견디고 "상처 난 곳을 꾹꾹 여며" 스스로의, 나아가 타자의 "어두운 마음을 다독"일 수 있는 일이 된다(「먹물빵」). 그리고 이는 "쉽게 무르"는 '겉'을 걷어내고

선험적으로 내재한 "단단한 씨"라는 존재의 본질에 가까이 다가갈 수 있게 한다(「복숭아씨」).

> 방울토마토 하나가 덩굴 사이에서
> 자신의 무게를 견딘다
>
> 익는다는 건
> 빛을
> 안으로 끌어당기는 일이다
>
> 누구의 손도 닿지 않았지만
> 그것은 이미 자신의 시간을 다 살아내고 있던 것
>
> 부산에서 올라온 시누이가
> 싱싱하다고 말하며 토마토를 베어 문다
> 그 안에 스민 여름과 비와 햇살을
> 천천히 씹는다
>
> ―「천천히 붉어지는 중」 전문

　존재의 본질은 가시적으로 드러나는 외연에 있지 않다. 그것은 이현숙 시인이 방울토마토를 통해 주지하다시피 "빛을/안으로 끌어당"겨 "자신의 시간을 다 살아"냄으로써 겨우 짐

작할 수 있는 그 무엇이다. 토마토로 은유된 존재가 살아낸 시간은 표제작에 빗대어 표현하자면 '해독하기 어려운 암호'의 양태로 응축되어 있기에 쉽게 이해되거나 공감될 수 없는 것이 사실이다. 그럼에도 "자신의 무게를 견"디어 맺은 삶의 순간은 고독하면서도 고결한 시간이 누적되어 있기에 찰나의 접촉만으로도 "그 안에 스민 여름과 비와 햇살"의 언어를 나눌 수 있다. 당연하게도 이는 쉽게 얻어진 것이 아니다. 앞에서 '선험적으로 내재한 단단한 씨'라고 이야기했으나 그것을 영속게 하는 삶의 과정과 그로부터 파생될 또 다른 삶의 가능성은 여름의 무더위와 거센 폭우의 위협 등을 견뎌냄으로써 비로소 굳건해질 수 있는 것이기 때문이다. 고통을 이겨낸 "그 자리에 생겨난 옹이는 아름다운 무늬"(「벌레 의자」)가 되어 다채로운 언어로 전달될 수 있음을 시인은 우리에게 전한다.

찰나의 영원

빛을 안으로 끌어당겨 내적 단단함을 추구함으로써 아름다운 무늬를 지닌 옹이의 언어를 구현하고 있는 이현숙 시인의 이러한 시적 수행은 시인으로서의 자기 존재 의미를 찾아가는 여정을 닮았다. 물론 시인과의 사적 친분이 없기 때문에 이를 순전히 시집의 시편들을 통해 읽을 수밖에 없지만 「죽은 새를 안고」에서 짐작할 수 있듯 "무언가를 끄적이다가 종이를 구"기고 그 안에서 "슬픈 날갯짓 소리"를 듣는 시인의 고뇌는 이러한 추측을 가능하게 한다. 불안정한 자리에서 위태로운 삶의 층위를 감당하며 "단순하지만 묵묵한 진심"(「버섯을 볶는 오후」)으로 "내가 지은 세상의 이름들"이 "하나둘 어둠 속에 가라앉는" 것을 보면서 "다시 너를 빚"(「흙인형」)겠다고 다짐하는 이현숙 시인의 의지는 이 세계를 기술하는 존재로서 시인이 지녀야 할 윤리적 책임감이 어떠한 모습이어야 하는지 분명하게 지시하고 있다.

장맛비가
그릇을 두드리자
사료는
물고기가 된다

밥그릇은 이제 연못,
남은 사료는
부레처럼 부풀어 물속 집을 짓는다

빗줄기를 바라보다가 졸고 있는
개도 고양이도

이제 정물이다
비는 멈추지 않고

그릇은
깊어진다
―「정물」 전문

　소품과도 같은 이 시는 이현숙 시인의 시적 세계에 대한 정
서적 감응을 불러온다. 저 바깥에 사료가 담긴 "밥그릇" 하나
가 놓여 있다. 그곳에 "장맛비"가 쏟아져 그릇에 담긴 "사료"
가 물에 잠긴다. 시인은 물에 잠긴 사료를 "물고기"로 이미
지화한다. 그리고 그로부터 환유된 "밥그릇은 이제 연못"으
로 표상된다. 물고기가 된 사료는 "부레처럼 부풀어 물속 집
을 짓는다". 장맛비가 내리는 요란한 풍경을 연못의 고요와
물고기의 물속 집으로 전유하여 정중동의 섬세함으로 표현
하고 있는 이 시는 무수한 내면적 상처와 갈등, 그리고 고통
을 초월한 실존의 양태를 묘파하는 것처럼 보인다. 그 어떤 욕
망도 표출될 수 없는, 세속적 얼룩이 정화된 무대를 형상화함
으로써 시인은 우리에게 순간의 영원과 마주하게 한다. 그리
하여 우리는 직선으로 흐르는 물리적 시간을 정지시켜 수직
으로 내리긋는 "빗줄기를 바라보다가 졸고 있는" 개와 고양이
처럼 "정물"이 되어 삶의 실재를 되짚어보게 된다. "하루의 마

지막 햇살을 힘껏 끌어당"(「감기」)겨도 올이 잘 풀리지 않는 삶이나 "굴절하는 빛을 따라 손가락을 움직여도 아무것도 잡히지 않아//수렁과 수렁이 겹쳐질 때/세상에서 가장 어두운 색"(「수렁의 지도」)으로 전락해 가는 것처럼 느껴지는 생을 "햇볕에 잘 마른 슬픔 한 켤레"로 만들기 위해 애를 썼던 시간들, 그 웅숭깊은 실존의 낱낱을 어루만질 수 있는 이해와 공감의 찰나를 경험하는 것이다. 그러고 나면 우리의 삶 역시 "굽은 등에 달 하나를 얹고"(「굽은 등에 달 하나를 얹고」) 그 무엇에도 휘둘리지 않는 깊이를 구할 수 있을 테다.

이처럼 이현숙 시인이 체현하는 정중동의 실존 감각은 시와 언어, 그리고 삶에 대한 깊은 성찰과 사유로부터 길어 올린 거로 여겨진다. 이를 시로 형상화하기 위해 부단히 노력한 시인의 모습은 「의자 만들기」의 초점 화자인 사내처럼 "누구도 찾지 않는 집에서" "종일 앉을 자리를 만들고 있"는 존재를 전유하여 우리에게 좀 더 명징하게 다가온다. 누가 알아봐 주지 않는다고 하더라도 언어를 향한 내적 충만함으로 문학적 고투를 이어가는 일은 쉬운 일이 아니다. 그럼에도 사내가 만들어내는 "망치 소리가 공기를 흔들고/톱밥 냄새가 노을빛에 섞"이면서 "투박한 나무토막에서/다리가 돋고/등이 세워"진 것처럼 시인이 궁구하는 시적 언어는 그 자신의 삶과 교감하여 한 권의 시집으로 지어졌다. 마치 "몸에 빗줄기 무늬를 새기고" "홀로 바위산을 오"르는 표범(「신간」)처럼 숭고한 파

토스로 충만한 시집으로 말이다. 그렇게 또 다른 "한 세계가 열"(「스콘」)린 것이다.

문학의전당 시인선 400

너는 토마토를 들고
나는 설탕을 준비하고

ⓒ 이현숙

초판 1쇄 인쇄   2025년 11월 13일

초판 1쇄 발행   2025년 11월 20일

지은이   이현숙

펴낸이   고영

디자인   헤이존

펴낸곳   문학의전당

출판등록   제448–251002012000043호

주소   충북 단양군 적성면 도곡파랑로 178

전화   043–421–1977

전자우편   sbpoem@naver.com

ISBN   979–11–5896–721–5   03810

*이 시집은 2025년 경상남도, 경남문화예술진흥원의 문화예술지원을 보조받아
제작되었습니다.